date: .... subject: ....

GW00579997

date: ....   subject: ....

date: .... subject: ....

date: ....   subject: ....

date: subject:

date: .... subject: ....

date: .... subject: ....

date: .... subject: ....

date: .... subject: ....

date: .... subject: ....

date: .... subject: ....

date: _____ subject: _____

date: .... subject: ....

date: .... subject: ....

date: .... subject: ....

date: .... subject: ....

date: ....   subject: ....

date: ....   subject: ....

date: .... subject: ....

date: .... subject: ....

date: .... subject: ....

date: ....   subject: ....

date: .... subject: ....

date: .... subject: ....

date: .... subject: ....

date: .... subject: ....

date: .... subject: ....

date: .... subject: ....

date: .... subject: ....

date: .... subject: ....

date: .... subject: ....

date: .... subject: ....

date: .... subject: ....

date: .... subject: ....

date: .... subject: ....

date: .... subject: ....

date: ....   subject: ....

date: .... subject: ....

date: .... subject: ....

date: .... subject: ....

date: .... subject: ....

date: .... subject: ....

date: .... subject: ....

date: .... subject: ....

date: .... subject: ....

date: ....   subject: ....

date: .... subject: ....

date: .... subject: ....

date: .... subject: ....

date: .... subject: ....

date: .... subject: ....

date: .... subject: ....

date: .... subject: ....

date: .... subject: ....

date: .... subject: ....

date: .... subject: ....

date: ....   subject: ....

date: .... subject: ....

date: .... subject: ....

date: ....   subject: ....

date: .... subject: ....

date: .... subject: ....

date: ....   subject: ....

date: .... subject: ....

date: .... subject: ....

date: ....   subject: ....

date: .... subject: ....

date: .... subject: ....

date: ....   subject: ....

date: ....   subject: ....

date: .... subject: ....

date: _____   subject: _____

date: .... subject: ....

date: .... subject: ....

date: .... subject: ....

date: .... subject: ....

date: ....   subject: ....

date: .... subject: ....

date: .... subject: ....

date: .... subject: ....

date: _____ subject: _____

date: .... subject: ....

date: .... subject: ....

date: subject:

date: .... subject: ....

date: .... subject: ....

date: _____   subject: _____

date: .... subject: ....

date: .... subject: ....

date: .... subject: ....

date: subject:

date: .... subject: ....

date: .... subject: ....

date: .... subject: ....

date: ....   subject: ....

date: .... subject: ....

date: .... subject: ....

date: .... subject: ....

date: ....   subject: ....

date: .... subject: ....

date: .... subject: ....

date: .... subject: ....

date: ....   subject: ....